Ulrike Laubner

Fitness-Training für Produktmanager

Fach-, Methoden- und Sozialkompetenzen stärken

33 Handlungsprinzipien für Ihren Erfolg im Produktmanagement

Über die Autorin

Ulrike Laubner, geboren 1971, hat Bekleidungstechnik, Wirtschaft und Marketing studiert. Sie beschäftigt sich seit über 20 Jahren mit der Entwicklung von Innovationen und Verbesserung von bestehenden Produkten im Produktportfolio. „Welche Innovationen lösen die aktuellen und zukünftigen Probleme der Kunden?" „Warum kauft ein Kunde ein Produkt?" und „Wie können bestehende Produkte profitabler werden?" Als Produktmanagerin legt Sie den Fokus auf den Kundennutzen. Als Ingenieurin sucht Sie stets nach Verbesserungen in der Produktentwicklung: Für zufriedene Kunden, bessere Qualität, mehr Gewinne und sichere Prozesse. Erfolg für das Unternehmen ist ihr genauso wichtig wie Spass bei der Arbeit.

Ulrike Laubner ist leidenschaftliche Produktmanagerin und hat im Jahr 2011 ihr eigenes Unternehmen gegründet.
Als Inhaberin der Corimbus GmbH berät Sie heute Firmen in der DACH-Region bei Produktentwicklungen und Markteinführungen von neuen Produkten. Sie ist Trainerin für die zertifizierte Ausbildung nach dem Open Product Management Workflow™.

Frau Laubner ist Ausbilderin, Dozentin und Speakerin für das Produktmanagement, Autorin von zahlreichen Fachartikeln und hält Vorträge im deutschsprachigen Raum vornehmlich in der Schweiz und Deutschland.

www.corimbus.ch

Ulrike Laubner

Fitness-Training für Produktmanager

Fach-, Methoden- und Sozialkompetenzen stärken

33 Handlungsprinzipien für Erfolg im Produktmanagement

Bibliographische Information der Deutschen Nationalbibliothek:

Die deutsche Nationalbibliothek verzeichnet diese Publikation in der Deutschen Nationalbibliographie; detaillierte bibliographische Daten sind im Internet über http://dnd.d-nb.de abrufbar.

ISBN: 9783735719690

März 2017, überarbeitete Version

Herstellung und Verlag: BoD – Books on Demand, Norderstedt

Layout und Grafiken: Ulrike Laubner
Icons: icons8.com; License: Creative Commons Attribution-NoDerivs 3.0 Unported
Umschlaggestaltung: © Guter Punkt, München | iStock

Lektorat: Jana Wochnik-Sachtleben, Berlin

Machen Sie sich fit für Ihren PM-Alltag

Wenn Sie dieses Buch lesen, möchten Sie leistungsfähiger im Produktmanagement werden. Als Führungskraft, Angestellte(r) oder Einsteiger(in) im Produktmanagement suchen Sie nach Best-Practice-Methoden, mit denen Sie den hohen Anforderungen gerecht werden.

Das Fitness-Training zeigt typische Aufgaben und Alltagssituationen im Produktmanagement: Ideenentwicklung, Lastenhefte, Vermarktung, Markteinführung und Produktpflege sowie Präsentationen und Kommunikation mit anderen Abteilungen.

Wie können Sie das Fitness-Training nutzen?
Sie können das Buch von A-Z lesen oder nur die Inhalte, die Sie jetzt gerade im Moment interessieren. Sie erfahren wie Sie **schneller entwickeln**, ohne aus der Puste zu kommen. Sie lesen von Methoden, um **Kunden besser kennen zu lernen**. Sie lernen Techniken, um **Entscheidungen zu treffen**. Sie erhalten Prinzipien, um **Produkte profitabel zu gestalten** und **sicher einzuführen**. Bewährte **Tipps zur vielfältigen Kommunikation** helfen Ihnen die Zusammenarbeit an den Schnittstellen mit Bravour zu meistern und Ihre Akzeptanz und das Vertrauen ins Produktmanagement zu steigern.

Ich wünsche Ihnen, dass Sie in diesem Buch Anregungen für Ihre Arbeit finden und diese konkret umsetzen, um täglich mehr Erfolg und Spass zu haben.

Herzlichst Ihre

Inhalt

Symbole für Handlungsprinzipien

für mehr Ertrag oder Kosteneinsparung

für Zeiteinsparung

für Entwicklungspotentiale für Ihre Arbeitsweise

zur Qualitätsverbesserung von Produkt und Prozessen

1. Marketing aus Kundensicht

Wie beurteilt ein Kunde Ihr Produkt, Ihren Service oder Ihren Marktauftritt? Marketing ist das Spiegelbild des Unternehmens mit seinen Leistungen. Die erste Begrüssung, die Visitenkarte, der Homepage-Auftritt, das Produktaussehen, die Broschüren oder die Benutzeroberfläche sind das „Gesicht nach aussen".

Ihr Produkt verkauft sich besser, wenn Sie das Produkt und das Marketing aus Sicht Ihres Zielkunden entwickeln.

Versetzen Sie sich in die Lage des Kunden:

- Welches Problem löst das Produkt für mich?
- Löst es ein „Wow"- Gefühl bei mir aus?
- Warum würde ich das Produkt / den Service kaufen?
- Wann würde ich es weiterempfehlen?

Kreative Köpfe entwickeln viele „coole" Funktionen. Die sind oft technisch und lassen die Augen strahlen. Aber ist es das, was der Kunde benötigt?
Konzentrieren Sie sich auf den Kundennutzen und Ihre Wettbewerbsposition. Wichtig für alle Kunden ist es, dass Sie ein Problem für ihn lösen. Es ist Ihre Aufgabe herauszufinden, was Ihren Kunden im Beruf oder im Alltag mehr Erfolg oder Genuss verschafft. Emotionale Bedürfnisse werden im 21. Jahrhundert immer verkaufsentscheidender. Die Kunden suchen vermehrt nach Sinn, Einfachheit und Entschleunigung, Rückzug in die Natur oder zur Familie, zu Freunden und zur Liebe. Finden Sie das für Ihre Produkte heraus. Denken Sie bei der Gestaltung der Marktleistung und bei Innovationen auch an diese Werte. Verschwenden Sie kein Entwicklungs- und Marketinggeld für undifferenzierte Produkte, die Ihnen später kaum jemand abkauft oder die nicht Ihr Image verbessern.

Vermeiden Sie Produkt-Flops durch ad hoc-Entscheidungen aus Zeitmangel.

„Die besten Ideen kommen mir, wenn ich mir vorstelle, ich bin mein eigener Kunde." (C. Lazarus, Gründer von Toys„R"Us)

2. Ideen bewerten – Die Scoring-Methode

Sie stehen am Anfang Ihres Produktmanagement-Prozesses und haben den Markt analysiert, eine SWOT-Analyse durchgeführt und sehen Chancen für ein neues Produkt oder Geschäftsfeld. Sie haben im Brainstorming oder durch Ideenmanagement faszinierende Ideen, Technologien oder Services herausgefunden.

Doch wie stellen Sie nun fest, welche Idee die beste ist?

Viele Kunden erzählen mir, dass Ideen meistens spontan geboren werden: „Wir fangen dann einfach mal an. Klar ist nicht jede Idee erfolgreich."

Wie lange kann sich ein Unternehmen Fehlentwicklungen wirklich noch leisten, wenn die Konkurrenz schneller ist und die Produktmargen erodieren?

Statistiken zeigen, dass von tausend Ideen nur 6% im Markt eingeführt werden. Das hat natürlich verschiedene Gründe. Ein Grund ist die unzureichende Auseinandersetzung mit den Kundenproblemen und -bedürfnissen und den daraus resultierenden Produktanforderungen. Wenn eine neue Idee systematisch analysiert und auf Nutzen für Firma und Kunden bewertet wird, dann entstehen brauchbare Grundlagen für bewusste und dauerhafte Entscheidungen. In zahlreichen Projekten führt mangelnde Entscheidungsfähigkeit zu Verzögerungen bei der Markteinführung. Mit der Scoring-Methode werden Entscheidungen bewusster und schneller getroffen.

Die Scoring Methode in vier Schritten:

1. Erstellen Sie unternehmensspezifische Beurteilungs-kriterien aus Sicht des Unternehmens, der Kunden, der Mitarbeiter und des Wettbewerbs.
2. Gewichten Sie jedes einzelne Kriterium.
3. Bewerten Sie jede Idee in einem gemischten Team.
4. Ermitteln Sie die Ideen mit der höchsten Punktzahl.

Prüfen Sie anschliessend, ob die Idee in die Unternehmensstrategie und zu den Produktzielen passt. Wenn die beste Idee, ein neues Produkt ist, das z.B. mit einem High-Tech-Kunststoff hergestellt werden soll, dann widerspricht dies unter Umständen einer Nachhaltigkeits-Strategie. Daher ist die Idee in Bezug auf die Unternehmensziele und -strategie näher zu analysieren.

Beispiel:

Kriterien	Gewichtung	Produkt A		Produkt B		Produkt C	
		Faktor	Σ	Faktor	Σ	Faktor	Σ
Neuer Kundennutzen	15	3	45	3	45	2	30
Wettbewerbsvorteil	10	3	30	1	10	2	20
Neue Technologie	20	3	60	0	0	0	0
Nachhaltigkeit	15	1	15	3	45	2	30
Neue Zielgruppe	5	0	0	0	0	3	15
Innovationsgrad	15	1	15	2	30	1	15
Internes Knowhow	5	1	5	1	5	3	15
Gewinnpotential	15	2	30	3	45	2	30
Total	**100**		**200**		**180**		**155**

Die Scoring-Methode

Im Beispiel ist Produkt A das beste Produkt. Aus Wettbewerbs- oder Imagegründen kann es sinnvoll sein, das Produkt A mit dem High-Tech-Kunststoff zu entwickeln, obwohl es im Vergleich mit anderen Lösungen zu wenig nachhaltig ist.

Wenn Sie wenig Zeit haben oder Informationen fehlen, dann gibt es andere Techniken, um Entscheidungen z.B. für neue Produktvarianten oder Innovationen zu fällen. Lesen Sie dazu auch Kapitel 5: Entscheidungen sicher treffen!

3. Nie wieder Mädchen für alles! – Kernaufgaben

In meinen Schulungen erlebe ich verschiedene Arten von Produktmanagern. Da der Begriff des Produktmanagers nicht geschützt ist, wird die Rolle auf sehr unterschiedliche Arbeitsbereiche angewendet. Mitarbeitende im Verkauf, Vertrieb, Einkauf oder in der Entwicklung haben Visitenkarten mit dem Aufdruck „Produktmanager". Sind das wirklich Produktverantwortliche, die sich ausschliesslich um die Belange des Produktes im Lebenszyklus kümmern, um für Kunden die besten Lösungen zu generieren und für die Firma Wettbewerbsvorteile und Profit schaffen?

Aufgaben, die ein Produktmanager nicht ausführt:

- Hotline-Support
- Homepage-Pflege
- Finanzkennzahlen zusammensuchen
- Werbung kreieren
- Designkonzepte erstellen
- Pflichtenhefte ausarbeiten

Ein typischer Produktmanager hat die folgenden Kernaufgaben:

- Marktanalyse und -beobachtung
- Neue Produktideen entwickeln
- Marketingplan erstellen (4Ps: Produkt, Preis, Platz, Promotion)
- Spezifikation des Produktes, Produktbriefings

- Produkteinführung am Markt
- Produktcontrolling
- Produktpflege im Lebenszyklus
- Produkteliminierung (siehe Kapitel 19)
- Interne und externe Kommunikation

Klären und informieren Sie Ihre Aufgaben und Verantwortungen und werden Sie nicht zum „Edel-Mülleimer" für andere Abteilungen, weil Sie deren Aufgaben (mit-)erledigen.

4. Wertvolle Kurven – Der Produktlebenszyklus

 Jedes Produkt und jeder Service werden einmal ihren Zenit und absatzschwachen Zeiten erreichen. Doch bis es soweit ist, durchlaufen sie fünf Phasen. Jede Phase benötigt ihre ganz eigenen Marketingaktionen.

1. Innovationsphase
2. Einführungsphase
3. Wachstumsphase
4. Reifephase
5. Degenerationsphase

Doch wie erkennen Sie, in welcher Phase sich ein Produkt befindet? Wie entscheiden Sie sich für die richtigen Marketingaktionen oder Investitionen für Neuentwicklungen?

Schauen Sie sich die Zahlenentwicklungen des Produktes seit der Markteinführung an, um herauszufinden, ob ein Produkt eliminiert werden kann, eine Weiterentwicklung nötig ist oder eine neue Werbemassnahme initiiert werden muss. Ziehen Sie für mögliche Annahmen auch Vergangenheitsdaten von ähnlichen Produkten heran.

Indikatoren für den Status im Produktlebenszyklus:

- Absatzzahlen
- Umsatzzahlen
- Deckungsbeitrag
- Marketingaufwand
- Entwicklungskosten
- Vertriebsaufwand

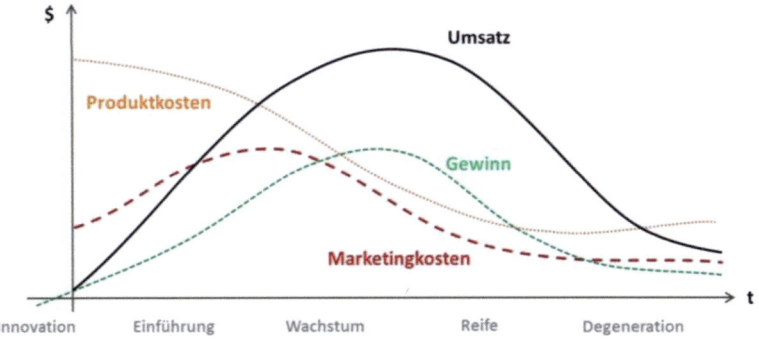

Der ideale Produktlebenszyklus

Diese Zahlen bilden Indikatoren für den Status Quo eines Produktes im Produktlebenszyklus. In der Einführungsphase sind die Entwicklungskosten geringer als in der Innovationsphase, die Marketingaufwände für die Lancierung der neuen Produkte jedoch hoch. In der Reifephase sind die Erträge im Idealfall hoch, die Ausgaben für Marketing verhältnismässig gering.

Diese Indikatoren reichen alleine jedoch nicht aus. Ein Umsatzeinbruch kann auch an der aktuellen Wirtschaftslage liegen. Somit sind weitere Beobachtungen wie z.B. Eintritt eines neuen Wettbewerbers, Wechselkursveränderungen oder Trends am Markt für die Kurvenanalyse im Produktlebenszyklus nötig.

5. Entscheidungen sicher treffen!

„Es ist besser, unvollkommene Entscheidungen zu treffen, als ständig nach vollkommenen Entscheidungen zu suchen, die es niemals geben wird." (Charles de Gaulle 1890-1970).

Das klingt für Deutsche und Schweizer Ohren schon fast unmöglich; streben wir doch allzu gerne nach perfekter Qualität. Doch wie viel Zeit vergeht, um eine richtige Entscheidung zu fällen? Manchmal vielleicht so lange, dass die Chancen sich bereits aus dem Staub gemacht haben?

5 Punkte für Ihre Entscheidungen:

1. Entscheiden Sie nicht zwischen Tür und Angel!
2. Holen Sie eine Zweitmeinung ein.
3. Welche Gründe sprechen dafür, welche dagegen?
4. Welche Alternativlösungen gibt es?
5. Wie können Sie Ihre Entscheidung argumentieren?

Stellen Sie sich vor, Sie stehen an einer Kreuzung. Sie wissen wie Ihr Zielort heisst, Sie kennen jedoch den Weg nicht. Sie müssen sich entscheiden! Tun Sie das nicht, schlagen Sie Wurzeln an der Stelle und schauen zu, wie viele Menschen an Ihnen vorüberziehen. Auch wenn es der falsche Weg ist, Sie müssen einen Weg wählen.

Freuen Sie sich darüber, dass Sie Entscheidungen treffen können, denn nur so ergibt sich ein Fortschritt!

Wenn Sie nicht alle Informationen einholen können, hören Sie auf Ihr Bauchgefühl. Ich erlebe häufig, dass dies mit zunehmender Erfahrung immer besser wird. Diese Intuition hilft besonders **erfahrenen** Personen bei Entscheidungen, wenn wenig Zeit zur Verfügung steht. Nutzen Sie auch die „Folge dem ersten Impuls-Methode." Achten Sie auf den ersten Gedanken und prüfen Sie, welche Gefühle er auslöst. Wenn Sie sich gegen den Gedanken entscheiden, prüfen Sie den Zweiten.

Sie haben reiflich überlegt und finden keine Entscheidung? Stellen Sie sich die „Katastrophenfrage": „Welche Entscheidung verursacht den kleinsten Verlust, wenn sie sich als falsch herausstellt?" Entscheiden Sie sich für jene Lösung, die am wenigsten Schaden wie z.B. Imageverlust, Ressourcen-verschwendung oder Mitarbeiterunzufriedenheit verursacht.

Wenn Ihnen die Entscheidung zwischen zwei Varianten schwerfällt, dann fragen Sie sich: „Was hält mich an dieser Idee fest?" oder „Was zieht mich besonders an?" Entscheiden Sie sich dann für die Variante mit den stärkeren Argumenten.

„Du kannst nicht 2 Pferde mit einem Hintern reiten."
(Woody Allen)

6. Trends sehen oder Bedürfnisse entdecken

 Unternehmen sind erfolgreich, wenn sie die Trends von Morgen erkennen und damit kundengerechte Lösungen entwickeln. Sie sind erfolgreich, weil sie die ersten sind. Den Innovationsführern gehört der Sieg: Der Sieg der Marge, der ersten Käufer, des höheren Absatzes und des guten Images.

Wenn Sie nach Ideen für Innovationen suchen, so gibt es eine Fülle von Quellen, die Sie regelmässig anschauen können. Machen Sie aber nicht jeden Trend mit. Nur diejenigen, die Ihren Kunden nützen oder Ihre Wettbewerbsposition stärken sind unternehmerisch wertvoll. Alle anderen verschwenden wertvolles Geld und kostbare Zeit.

Quellen für neue Trends:

- Tageszeitungen und Fachzeitschriften (inkl. Ausland)
- Zukunftsinstitute und Trendforschung
- Beobachtung branchenverwandter Produkte
- Kunden- und Lieferantengespräche
- Gespräche im privaten und beruflichen Umfeld

- Abteilungsübergreifender Austausch
- Einkäuferinformationen
- Verbände
- Internet und Social Media
- Gesellschaftliche Veränderungen
- Fach- und Verbrauchermessen
- Hochschulen
- Berichte von Unternehmensberatungen

Trend- und Zukunftseinrichtungen im Internet:

www.horx.com
www.delivering-tomorrow.com/de
www.adlittle.ch
www.zukunftsinstitut.de

Sie möchten lieber Vorreiter sein und Trends setzen? Dann machen Sie es wie Steve Jobs oder die Macher von Nespresso: Stellen Sie sich folgende Kernfrage: Was können Sie für Ihre Kunden tun, um deren Lebensqualität deutlich zu verbessern und welche Möglichkeiten zur Realisierung stehen zur Verfügung? Diese Gedankenspiele können Sie zu Technologiesprüngen führen. Bahnbrechende Innovationen, die das Verhalten von Menschen radikal verändern. Solche Produkte wurden selten als Trend vorausgesagt. Denken Sie bei solchen Technologiesprüngen an die Erfindung des Rades, der Glühbirne, des Buchdrucks, des Computers, Smart Phones, Nespresso, MP3 etc. Jedes von diesen Produkten hat Probleme bei Kunden gelöst! Das hätten die Kunden aber selber nicht so präzise ausdrücken können. Daher ist das richtige Fragen und Beobachten von Kunden so wichtig für Produktmanager.

7. Die Last mit dem Lastenheft

Das Lastenheft hat abwechslungsreiche Namen. Stammt das Wort „Lastenheft" von Last ab? Die Vermutung liegt nahe, denn die Schreibarbeiten und häufigen Abstimmungen sind vielen meiner Kollegen ein wahrer Graus.

Die Produktspezifikationen dienen allen Beteiligten dazu, in die gleiche Richtung zu entwickeln, um ein erfolgreiches Produkt, eine neue Technologie, einen neuen Service im Markt einzuführen.

Die Herstellkosten eines Produktes hängen massgeblich von dieser Produktdefinition ab. Wenn Sie sich am Anfang einer Entwicklung ausreichend Zeit für die Produktplanung nehmen, werden in der Produktentwicklung häufige Korrekturschlaufen, schwerwiegende Fehler vermieden und bessere Lösungen gefunden werden. Bessere Lösungen sind z.B. der Einsatz von neuen Materialien oder Technologien, andere Konstruktions- oder neue Produktionsverfahren.

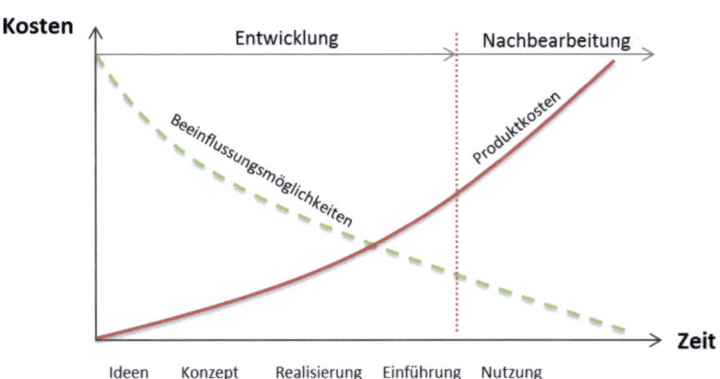

Kostenbeeinflussung im Innovationsprozess

Horrende Nachbearbeitungskosten können die Produktmargen auffressen! Woran Sie das merken? Schauen Sie dazu die Anzahl der Reklamationen an, die Höhe und Art der

Qualitätskosten, die Höhe der Garantieleistungen oder nach dem zusätzlichen Entwicklungsaufwand nach der Produkteinführung.

In der Realität werden die Folgekosten häufig totgeschwiegen. Für die Produktspezifikation wird das Rad nicht jedes Mal neu erfunden. Firmenstandards und eine Dokumentationsvorlage helfen, die Arbeit zügig und qualitativ gut zu erledigen. Wichtig ist, dass Sie keine Produktkomponenten bei der Spezifikation vergessen. Am besten Sie erstellen dafür eine Checkliste.

Beachten Sie, dass ein Lastenheft, kein Pflichtenheft ist. Da es bei den beiden Begriffen häufig Verständnisschwierigkeiten gibt, stellt die nächste Tabelle die wesentlichen Unterscheidungsmerkmale gegenüber.

	(Markt-)Lastenheft Business-Case	Pflichtenheft
Synonyme	Marktanforderungen Anforderungskatalog Requirements Spezifikationen	Design Konzept
Frage	Was wird benötigt?	Wie wird es hergestellt?
Inhalt	Anforderungen an das Kernprodukt und erweiterte Produkt	Detailbeschreibung aller Komponenten
Ersteller	Produktmanager	Entwickler, Designer
Empfänger	Entwickler, Designer, Testabteilung	Produktion, Beschaffung Einkauf, Testabteilung

Unterscheidungskriterien für Lasten- und Pflichtenheft

Widmen Sie sich nun mit Freude der nächsten Spezifikation:

- Auszug aus Marketingplan (Absatzländer, Termin)
- Produktbezeichnung
- Produktziel und Eigenschaften
- Anwendungen und Ablaufbeschreibungen
- Integration von Standardkomponenten
- Einsatz von Zubehör
- Qualitätsmerkmale oder -kennzahlen
- Designanforderungen
- Verpackungsinformationen
- Bedienungsanleitungen
- Dienstleistungen
- Produkt-Variantenplan
- Ziel-Herstellungspreis
- Budgetierte Absatzzahlen
- Geltende Gesetze und Normen
- Patente und Schutzrechte

Ihr Vorteil:

Externe Lieferanten und Kollegen schätzen leicht verständliche Spezifikationen. Geben Sie Informationen präzise, d.h. so wie der Empfänger es mit allen Einzelheiten für seine Arbeit benötigt, wie möglich ab. Lieferanten und Kollegen liefern Ihnen bessere Ergebnisse und haben weniger Fehlleistungen und Aufwände auf der eigenen Seite. Überlegen Sie sich, wie Sie Spezifikationen messbar machen können, so dass diese bei technischen oder Kundentests überprüfbar sind. Schwammig Ausdrücke, die ich oft bei Kunden lese sind „einfach", „innovativ". Dies sind keine klaren, spezifischen Ausdrücke, so dass es Glück ist, wenn der Entwickler oder Designer ins Schwarze trifft. Wie wollen Sie „einfach" messen?
Eine präzise und kundeorientierte Produktspezifikation spart Ihnen viele teure Rechnungen und sichert eine frühere Markteinführung.

8. Die Arbeitsfülle meistern – Zeitmanagement

Stapeln sich auf Ihrem Tisch 7, 11 oder mehr Projekte? Können Sie noch ruhig schlafen oder plagen Sie die vielen unerledigten Aufgaben bereits in der Nacht?

Ein Produktmanager erzählte mir, dass er 21 Projekte bearbeitet und nicht mehr weiss, wie er die neuen Produkte termingerecht an die Kunden ausliefern soll: „Andauernd fällt Neues an. Die Kunden stellen immer neue Anforderungen oder diskutieren im Nachhinein über den vereinbarten Preis des Endproduktes." Ein strategischer Produktmanager sollte keine Projekte leiten, damit Zeit für die wichtigen Aufgaben bleibt. Als technischer Produktmanager oder strategischer Produktmanager in kleinen Firmen, gehören Projekte zum Arbeitsalltag.

In oben genannten Fall haben ihm Verbesserungen in der Spezifikation und Kommunikation geholfen, mehr als 20% seiner wöchentlichen Arbeitszeit einzusparen. Er konnte 10h pro Woche gewinnen!

Quellen für Ihren Zeitgewinn finden Sie hier:

- Ziele mit dem Auftraggeber verbindlich vereinbaren
- Spezifikationen von Beteiligten unterzeichnen lassen
- Entwicklung nach priorisierten Spezifikationen
- Änderungswünsche mit Konsequenzen für Termin, Qualität und Kosten aufzeigen und Entscheidungen festhalten
- Protokolle während des Meetings nach dem TATVEO-Prinzip (Thema, Aufgabe, Termin, Verantwortung, Entscheide, Offene Punkte) erstellen
- Checkliste für alle Lieferobjekte im Projekt anfertigen
- Lernen „Nein" zu sagen
- Gleiche Tätigkeiten gruppieren, Zeiten im Kalender reservieren und nacheinander abarbeiten

- Sitzungen, bei denen Sie sich nicht einbringen können, ablehnen
- Tätigkeiten mit A-, B-, C- Prioritäten planen

Legen Sie Checklisten an. Checklisten verhelfen zu deutlich mehr Effizienz und Qualität, da sie ein strukturiertes Vorgehen unterstützen und weniger vergessen wird.

Auch diszipliniertes Dokumentieren und Versionieren von neuen Ereignissen oder Veränderungen helfen Ihnen, zeitraubende Dokumentensuche zu vermeiden.
Bei einem Kunden geben die Produktmanager seit neuem wichtige Informationen in einem System zentral ein. Sie informieren z.b. über Qualitätsmängel oder über Bestelltermine. Dadurch werden keine Produkt- oder Projektdokumente, wie z.b. Änderungsanträge ersetzt. Dieses „Notizbuch" können alle Beteiligten in der Firma einsehen und sind über den aktuellen Stand in Kurzform informiert. Das ersparte den Produktmanagern 50% der Zeit, die sonst mit der Suche nach Informationen verschwendet wurde. Denken Sie daran: Sie werden als Produktmanager nicht für das Verwalten von Daten und Suchen von Produktdaten bezahlt! Berge von Überstunden lassen sich mit kleinen Verbesserungen dauerhaft reduzieren. Seien Sie aktiv und erwarten Sie nicht, dass andere sich verändern. Es ist Ihre wertvolle Zeit. Zeit für strategisches Produktmanagement, Kundengespräche oder für einen früheren Feierabend.
Eine Software, die gruppenübergreifende Kommunikation, Aufgaben und Ablagen ermöglicht ist www.meistertask.com.

9. Raus aus dem Hamsterrad – Strategische Aufgaben priorisieren

Sie fühlen sich wie ein Hamster im Hamsterrad? Sie strampeln sich ab und haben das Gefühl, nie ans Ziel zu kommen? In den zertifizierten Schulungen zum strategischen Produktmanager kommt immer die Frage auf „Wie priorisiere ich meine Aufgaben, ich habe doch so viel gleichzeitig zu tun?" Da stellt sich doch die Frage, welche Verantwortung Sie haben. Als strategischer Produkt-manager ist es Ihre Verantwortung, Lösungen für Kundenprobleme und Bedürfnisse im Markt zu finden und für ein profitables Produktportfolio zu sorgen. Ihr Arbeitgeber hat Sie eingestellt, weil er selber nicht die Kompetenz oder die Zeit hat, den Markt systematisch zu analysieren und die richtigen Produkt- und Marktstrategien abzuleiten. Weil Kundenwissen die wirksamste Quelle für neue Produkte, Marketing- und Vertriebsinformationen ist, bietet es sich an, Ihre Tätigkeiten so zu priorisieren, dass Sie aktuelles Marktwissen haben und dieses weitergeben:

1. Kundengespräche führen
2. Kunden- und Supportinformationen auswerten
3. Neue Lösungen für Kundenprobleme finden
4. Ansprechpartner für Vertrieb, Marketing und Technik
5. Strategische Analysen durchführen
6. Business-Cases erstellen
7. Produktpflege

10. Tagesgeschäft: S.O.S – Aktionen meistern

Es ist Mittwochmorgen 10 Uhr 30 und der Produktionsleiter kommt in Ihr Büro, weil er Probleme in der Endverarbeitung hat. Eine Projektleiterin teilt Ihnen mit, dass es vier Änderungsanträge gibt. Die japanische Übersetzerin hat gekündigt und der Geschäftsführer fragt Sie, warum die Verkaufszahlen für das neue Produkt die Ziele nicht erreichen. Der Email-Posteingang ist satt gefüllt. So oder ähnlich sehen 90% der typischen Tage im Produktmanagement aus. Als Produktmanager wird von Ihnen erwartet, dass Sie jetzt Lösungen finden.

Ereignisse, die nach sofortigen Aktionen rufen:

- Schlechte Qualität, die zu Personenschaden führt
- Ansteigende Garantieleistungen
- Häufige Kundenreklamationen
- Absatzzahlen werden nicht erreicht
- Markteinführung verspätet sich

Tipps für S.O.S-Aktionen

- Priorisieren Sie, welche SOS-Aktion am dringlichste Ihre Aufmerksamkeit benötigt (Kundenproblem, Unternehmensschaden)
- Kommunizieren Sie nie vorschnell unfertige Lösungen!
- Analysieren Sie die Ursachen des Problems mit einem Team
- Leiten Sie Sofort-Massnahmen ein, falls die Problemlösung länger dauert. Dies kann auch eine Kommunikation sein
- Planen Sie die nächsten Schritte zur Verbesserung
- Informieren Sie Beteiligte und Interessenten über das Vorgehen

Wenn Sie feststellen, dass sich die S.O.S-Aktionen sich ähneln oder sogar immer die gleichen sind, dann sind die Ursachen mit Prozessoptimierungen zu beheben. So werden viele Reklamationen, erhöhte Kosten oder Mitarbeiterunzufriedenheit vermieden. Von den Prozessoptimierungen profitieren langfristig Kunden, Mitarbeiter und Unternehmen. Prozessverbesserungen bringen Ihnen leicht 30% Zeiteinsparung. Probieren Sie es aus.

11. Treffsichere Produktbriefings für Agenturen

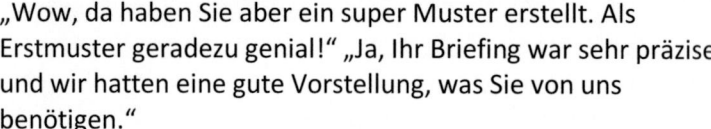

„Wow, da haben Sie aber ein super Muster erstellt. Als Erstmuster geradezu genial!" „Ja, Ihr Briefing war sehr präzise und wir hatten eine gute Vorstellung, was Sie von uns benötigen."

Diesen Dialog erlebe ich immer wieder: Bei Marketing- oder Designbriefings, Briefings für Homepages oder Prototypen. Eine gute Vorarbeit spart allen Entwicklungspartnern wertvolle Zeit und Geld. Geld, das für Investitionen in neue Ideen oder Mitarbeiter verwendet werden könnte.

Was es dazu benötigt, ist ein bisschen Ruhe und Zeit, um das Briefing vorzubereiten. Im Entwicklungsprozess werden Sie dadurch wertvolle Zeit einsparen.

Inhalte für ein Produktbriefing

- Information über neues Design, Relaunch oder Sondermodell
- Hintergrund, Ausgangslage und Ziele
- Liste der betroffenen Produkte: Produktportfolio, einzelnes Segment, einzelnes Produkt

- Liste der beeinflussten Artikel, z.B. Ersatzteile, Zusatzgeräte, Bedienungs- und Serviceanleitungen, Verpackung, Schulungsunterlagen
- Spezifikationen und Kompatibilitäten
- Produktvarianten
- Käufergruppe und Kaufentscheider
- Datum der Einführung und der -veranstaltung
- Produktkostenziel
- Verkaufspreis
- Budgetierte Absatzzahlen
- Internationale Unterschiede (z.B. Kennzeichnungen, Verpackung, Lieferumfang)
- Interne Richtlinien
- Corporate Identity (CI/CD)
- Werte: Ökologie, Traditionen, Einfachheit etc.
- Relevante Wettbewerbsprodukte

Preisinformationen geben den Entwicklungsfirmen oder auch Einkäufern sowohl eine Vorstellung über die Wertigkeit, als auch über die Einsätze von möglichen Technologien. Seien Sie sich bewusst, dass Sie vertrauliche Daten herausgeben. Bei der Weitergabe der Informationen an Externe ist daher vorher zwingend eine Geheimhaltungsvereinbarung zu unterzeichnen.

Denken Sie bei Briefings daran, welche Informationen für das Verständnis wichtig sind. Fragen Sie Ihre Lieferanten, was sie von Ihnen benötigen. So schaffen Sie eine echte Win-Win-Situation: die Ergebnisse werden schneller geliefert und sind oft kostengünstiger.

Eine einheitliche Vorlage mit Information über den Ansprechpartner unterstützen auch Ihr Zeitmanagement.

12. Mit Kunden reisen –
Die Customer Journey-Map

 „Unsere Kunden sind zufrieden. Die Verkäufe laufen." Was unternehmen Sie jedoch, wenn die Verkäufe sinken? Sie können mit Marketingmassnahmen, die Verkäufe kurzfristig steigern. Für mehr Absatz mit höherem Gewinnen ist es jedoch Ihre Aufgabe, sich Gedanken über eine Weiterentwicklung oder einen Auslauf des Produktes zu machen. Gehen wir davon aus, dass das Produkt auch weiterhin vom Kunden gewünscht wird, doch die Konkurrenz in den Wettbewerb eingetreten ist. Jetzt gilt es herauszufinden, was am bestehenden Produkt gut oder weniger gut ist, was ein Kunde benötigt, damit er das neue Produkt kauft. Diese Informationen Sie mit der Customer Journey Map und verifizieren die Ergebnisse mit echten Kunden oder Sie führen direkt Interviews mit realen Kunden.

Mit der Customer Journey fühlen Sie dem gesamten Verkaufs-prozess auf den Zahn. Sie gehen mit Ihrem Kunden gedanklich auf Verkaufsreise. Sie erfahren, was er an den verschiedenen Kontaktpunkten mit dem Unternehmen oder dem Produkt erlebt hat. Die Reise beginnt bereits bei den ersten Erkundungen über das Produkt. Diese Methode können Sie genau wie Kundeninterviews im B2B und B2C anwenden. Sie ist eine Hilfe für die strukturierte Vorgehensweise von Kundeninterviews.

So könnte Ihre Reise mit dem Kunden aussehen:

- Fragen Sie, wo Informationen eingeholt werden, z.B.: Zeitungen, Magazine, TV, Online-Medien, Freunde, Kollegen
- Werden die Marketingmaterialien verstanden?
- Fragen Sie, warum er sich für das Produkt Ihrer Firma entschieden hat.

- Was sagt Ihnen der Kunde in Bezug auf die Frage „Wer war am Kaufprozess beteiligt?"
- Fragen Sie nach, wo der Kunde eingekauft hat und mit welchem Zahlungsmittel.
- Finden Sie heraus, wie und wie oft der Kunde das Produkt benutzt, wer das Produkt noch benutzt und wie die Erlebnisse dabei waren.
- Finden Sie heraus, was der Kunde bei einer Bestellung für Informationen und Zusatzinformationen wünscht oder was ihn stören würde.
- Fragen Sie nach, was bei der Lieferung des Produktes wichtig ist (Schnelligkeit, kleine Verpackung, Zuverlässigkeit etc.)
- Wie werden After-Sales-Aktionen bewertet und welche Erfahrungen gibt es bisher dabei?

Fragen Sie die Kunden bei allen Kontaktpunkten, wie sie sich dabei gefühlt haben (wertgeschätzt, gut informiert oder vielleicht nicht verstanden) und ob sie mit der Leistung (Information, Produkt, Service) zufrieden waren.

Die Customer Journey-Map können Sie in einem Panel mit Kunden bei bestehenden Kunden und bei innovativen Ideen anwenden. Falls Sie den Kontakt mit Kunden nicht bewilligt bekommen, dann begeben Sie sich mit drei bis fünf Kollegen, besonders von ausserhalb des Marketings, auf eine Gedankenreise aus Kundensicht und dokumentieren Sie Ihre Ergebnisse.

13. Kunde kennen lernen – Die Persona-Methode

Produktkäufe werden von Menschen entschieden; von Persönlichkeiten und nicht von anonymen Zielgruppen. Die Darstellung einer Persönlichkeit für Produktkreationen wird „Persona" genannt.

Wenn meine Entwickler-Kollegen mit einer pfiffigen Idee zu mir gekommen sind, habe ich gefragt: „Für wen ist das gedacht?" „Für alle" war die begeisterte Antwort. Doch eine junge, unerfahrene Kundin benötigt manchmal andere Leistungen von einem Produkt als ein versierter Kunde.

Die sogenannten „Personas" liefern Ihnen tiefergehende Einblicke in die Gedankenwelt und typische Verhaltensweisen von Kunden. Entwickler, Marketingverantwortliche oder Einkäufer können ihre Anforderungen gezielt aus Sicht der „Nutzer-Persona" entwickeln. Auch ein Verkäufer hat es leichter, das Produkt zu verkaufen, wenn er weiss, welche Argumente die Käufer-Persona und deren Beeinflusser benötigen.

Ein Beispiel für eine Kaffeemaschinen-Persona:

Grundbedürfnisse/Werte für das Produkt: Sie möchte vor ihrer Familie glänzen. Sie möchte nicht „als Depp dastehen», wenn sie die neue Kaffeemaschine benutzt. Sie möchte kein Geräusch hören.

Berufliches und privates Umfeld: Sie arbeitet in einem Grossraumbüro mit Kaffeemaschine. Sie trifft sich mit Freunden nach der Arbeit. Sie geniesst freie Stunden mit Familie und Freunden. Sie ist aktiv in der Freizeit und geht zweimal pro Woche ins Café.

Charakter der Person: Alles muss schnell gehen. Das Leben geniessen. Sie ist ziel- und statusorientiert und umweltbewusst.

Produktrelevante persönliche Daten: Sie lebt in München. Sie ist 38 Jahre alt, weiblich und hat zwei Kinder. Sie besitzt zwei Kaffeemaschinen. Sie trinkt täglich drei Tassen Kaffee und geniesst einen Kaffee am Abend. Jeden Sonntagmorgen geht Sie ins Jazz-Café, liest Zeitung und trinkt Latte Macchiato. Take-Away Kaffee kauft sie nicht.

Sabine nervt es, dass der Wasserbehälter der Kaffeemaschine im Grossraumbüro immer leer ist. Ausserdem findet sie die Kapsellösungen unökologisch. Der immer verfügbare Kaffee verleitet dazu, zu viel Kaffee zu trinken, obwohl er teurer ist. Sabine fände es toll, wenn Sie am Kaffeeautomaten eine Information erhält, wieviel Kaffee sie schon getrunken hat und die Maschine ihre Lieblings-Röstungsgrad und Kaffee automatisch einstellt.

Ein typischer **Name**: Sabine

Bezeichnung für die Persona: Genussvolle Kaffeetrinkerin

Gesicht: Charakteristisches Bild zur Person

Darstellung: 1 Din A4 Seite

Mit „Sabine", „Peter" oder „Kevin" entstehen Bilder und Alltagssituationen im Kopf. „Wir haben eine verrückte Idee für Kevin entwickelt" oder „Unsere Kundin Martha kann mit dem Produkt nicht gut umgehen." Woran denken Sie gerade? Sehen Sie wie Martha strickt? Oder „gamed" Kevin gerade?

Bilder sprechen mehr als tausend Worte: Hängen Sie dieses Persona-Bild in allen Abteilungen auf und sprechen Sie darüber in Präsentationen, bei Berichten, Briefings u.a. Erleben Sie, wie schnell Einigkeit über Kundenbedürfnisse in den verschiedenen Abteilungen erzeugt wird.

Denken Sie daran, dass Sie für die Nutzer-Persona entwickeln, jedoch für die Käufer-Persona die Marketing-kommunikation erstellen. Die Käufer-Persona (das kann auch ein Nutzer sein) muss die Kaufargumente verstehen.

Typische Nutzer-Persona: Tiere, Babys

Typische Käufer-Nutzer-Persona von Stilettos: Frauen

Typische Käufer-Persona B2B PM-Software: IT- Chef, Leitung Operations

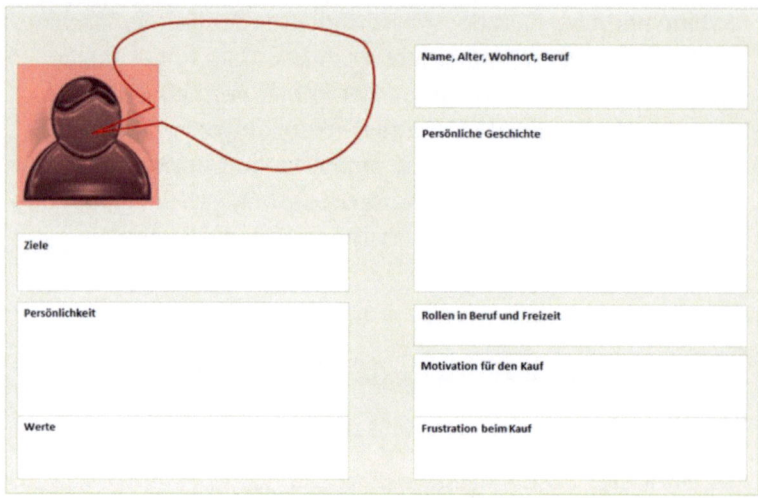

Persona-Datenblatt

Überzeugen Sie mit dieser Übung (10 min):

Wählen Sie ein Produkt aus Ihrem Portfolio und stellen Sie zuerst Frage 1, dann zeigen Sie ein Porträtfoto mit Frage 2.

1. Welche Bedürfnisse hat unser Kunde der Zielgruppe x. Er ist 35 Jahre, geschieden, wohnt in Bielefeld und verdient 2000 Euro. Was ist ihm für das Produkt wichtig?

2. Was ist für Markus bei dem Produkt wichtig? Z.B. 44
    Jahre, Ingenieur, reist gerne, liebt die Natur, geht
    dreimal pro Woche ins Fitness-Studio und im Sommer
    fährt er gerne mit dem Fahrrad. Er mag pragmatische
    Lösungen. Markus hat folgendes Problem: Erfinden Sie
    eines. Sein Lebens-Motto: Man lebt nur einmal.

Sie werden merken, dass die Antworten bei Frage 1) sehr
zögerlich kommen, bei 2) aus den Befragten heraussprudeln.

14. Offline ist OUT – Online ist IN

Auf der Suche nach einem Druckservice für das vorliegende
Buch, fand ich eine interessante Firma im Internet. Ich suchte
für meine Fragen ein Kontaktformular, Email-Adresse oder ein
Angebotstool. Ich wollte meine Fragen bereits morgens
beantwortet haben. Es gab nur eine Telefonnummer. Es war
abends 22 Uhr 30, als ich dies gesehen habe. Was glauben Sie?
Hat diese Firma mein Buch gedruckt?

80% aller Firmen wissen, dass digitales Marketing wichtig ist,
doch weniger als 40% setzen es um. Warum? Wir alle suchen
Informationen im Netz! Täglich oder stündlich. Warum soll das
für Ihre Kunden nicht gelten?

Soziale Medien werden von 42% der Unternehmen im
deutschsprachigen Raum genutzt. Mobile Webseiten zu 30%
und digitale Magazine zu 28%.[1]

Fragen Sie Ihre Kunden, wie sie nach Informationen suchen
und finden Sie heraus, in welchen sozialen Medien sie
vertreten sind.

---

[1] Corporate Publishing Basisstudie III: Die Rolle der digitalen Medien im CP-Mix,
zehnvier GmbH und EICP, 2013

Wie sind Sie online zu finden?

- Unter welchen Begriffen werden Sie in Google gefunden?
- Werden Sie überhaupt gefunden?
- Sind Sie in den sozialen Medien vertreten?
- Wie können Kunden mit Ihnen Kontakt aufnehmen?
- Wie können Kunden Ihre Produkte weiterempfehlen?

Machen Sie es Kunden einfach, Sie zu finden:

- Mit einer einfachen Struktur und Navigation
- Mit modernen Kontaktmöglichkeiten
- Mit Postings, Mailings und Tweets, die Sie als Experten zeigen
- Mit einer aktuellen Firmendarstellung, Videos, Podcasts in den sozialen Medien

15. Sitzungen leiten – „Herr der Dinge"

Wie viele Stunden verbringen Sie in Sitzungen? Ich habe 20-35h Sitzungen pro Woche erlebt. „Arbeitest Du auch mal?" war nur einer der Kommentare meiner Familie. „Ja klar, es wird diskutiert, nach Lösungen gesucht, abgestimmt und wichtige Entscheidungen werden getroffen." Kaum ausgesprochen, zweifelte ich manchmal an meiner Aussage: Sind wir wirklich gut oder kann die immense Stundenzahl doch reduziert werden?

Der Erfolg einer Sitzung können Sie an der Einhaltung der Besprechungspunkte und der Zeit bewerten. Mit einer systematischen Vorgehensweise bewahren Sie auch in hektischen Zeiten einen kühlen Kopf, erreichen Ihr Sitzungsziel und gewinnen dabei tatsächlich Qualität und Zeit.

10 Tipps für effiziente Sitzungen:

1. Nur Beteiligte einladen, die einen Beitrag leisten können
2. Agenda mit begrenzten Redezeiten vorbereiten
3. Einladungen per Outlook/Lotus Notes senden
4. Informationen mit Einladung versenden
5. Raum und Technik prüfen und vorbereiten
6. Check, ob alle Redner vorbereitet sind
7. Sitzungen pünktlich beginnen und spürbar moderieren
8. Auf die Redezeiten achten und offene Punkte vertagen
9. Protokoll nach dem TATVEO Prinzip erstellen (Thema, Aufgabe, Termin, Verantwortung, Entscheidungen, offene Punkte).
10. Protokoll binnen 24h nach der Sitzung versenden

Mit einer disziplinierten Vorgehensweise können Sie mit Leichtigkeit fünf bis acht Stunden pro Woche einsparen. Rückfragen und Unklarheiten sowie Missverständnisse werden auf ein Minimum reduziert. Entscheidungen und offene Aktivitäten sind protokolliert und leicht abrufbar.

Wie empfinden Sie Sitzungen in Ihrem Unternehmen? Welche Massnahmen leiten Sie selber in Ihrem Sitzungsverhalten für eine konstante Verbesserung ein?

16. Produktprojekte managen – Ziele im Fokus

„Wir können unsere Produkte nicht genau planen, denn wir wissen ja noch gar nicht alles", höre ich die Entwickler oft sagen. Genau das ist die Krux bei Projekten.

Konfuzius sagte schon 5. Jahrhundert v. Chr.: Wer das Ziel kennt, kann entscheiden; wer entscheidet, findet Ruhe; wer Ruhe findet, ist sicher; wer sicher ist, kann überlegen; wer überlegt, kann verbessern.

Und genau darum geht es. Wer bei Innovationsprojekten gute Erfolge erzielen möchte, muss wissen, wofür der Kunde sein Geld ausgeben möchte.

Definieren Sie die Qualität, die finanziellen Ziele, den Nutzen für den Kunden sowie die Anforderungen für Design, Technik und Marketing präzise. Damit erhält das Ziel klare Führungslinien. Und alle Beteiligten steuern in die gleiche Richtung. Sie bemerken es, wenn Sie sich verirrt haben und können dagegen steuern. Wenn Sie die Ziele nicht kennen, treffen Sie keine Entscheidungen aber die Ohnmacht trifft Sie!

40% der Innovationen scheitern an mangelnden Entscheidungen in der Führungsriege.[2] Diese erschreckende Zahl kann bereits mit einer klaren Zielorientierung deutlich reduziert werden.

Ziele S.M.A.R.T. definieren:

spezifiziert, **m**essbar, **a**nspruchsvoll, **r**ealistisch, **t**erminiert

Nehmen Sie sich am Anfang die Zeit, im Team und mit dem Auftraggeber (Kunde) Ziele genau zu definieren und Messkriterien festzulegen.

Testen Sie die Auswirkungen von zwei Zieldefinitionen:

1. „Das neue Auto muss besser sein als das Top-Modell von Audi!"
2. „Das neue Auto unserer Luxusklasse vereint höchste Energieeffizienz, langlebiges Design und intelligente Technologie für 20% mehr Sicherheit im Strassenverkehr und wird am 31.3.2015 in USA, D, CH für 37.000 € eingeführt."

Erkennen Sie den Unterschied?
Im Beispiel 2 suchen Sie nach energieeffizienten Technologien oder Materialien. Sie werden Designer auswählen, für die

---

[2] Studie von Planview, Inc., 2013, www. Planview.de

Trend ein Markenzeichen ist und Elektronik einbauen, die zukunftsorientiert ist. Sie wissen genau, in welche Richtung Sie marschieren müssen. Beispiel 1 veranlasst Sie entweder viele Fragen zu stellen oder aufgrund von Annahmen die Entwicklung zu starten. Letzteres vermeiden Sie bitte auf jeden Fall. Es ist zu teuer.

Eine Studie der TU Berlin[3] zeigt, dass viele Unternehmen über mangelnde Konsequenz bei Entscheidungen über Projektabbrüche (67 %), Doppelarbeiten (32 %) und eine Verteilung von Ressourcen (34 %) klagen, die nicht strategiekonform sind.

Das können Sie in Zukunft beeinflussen. Seien Sie mutig, Ziele hinter den Aufträgen zu hinterfragen. Laufen Sie nicht sofort los, wenn sie eine Aufgabe erhalten, sondern sorgen Sie dafür, dass Sie eine klare Vorstellung über die Produktziele haben. Lassen Sie sich am Anfang eines Projektes nicht drängen, denn Sie wollen erst einmal den Markt befragen, die Kundenprobleme und -bedürfnisse verstehen, sowie das Marktpotential abschätzen und den Wert des Projektes für das Unternehmen darstellen.

17. Multikulturelle Kommunikation leben

Was war ich am Anfang meiner Karriere für ein Kommunikations-Banause: Ich bin von falschen Annahmen und Voraussetzungen ausgegangen, weil ich dachte: „Das weiss ich schon." Doch oft waren die Aufgaben zu komplex, um sie alleine überschauen zu können. Wenn Sie auch schon mal eine „blutige Nase" hatten, weil sie nicht mit anderen Abteilungen

---

[3] An empirical investigation on how portfolio risk management influences project portfolio success, International Journal of Project management, Volume 31, Issue 6, August 2013, J. Teller, A. Koch

kommuniziert haben, dann lesen Sie jetzt weiter, denn „Multikulti" fängt in der Zusammenarbeit mit anderen Abteilungen an.

Als Produktmanager kommunizieren Sie mit der Entwicklungsabteilung, der Produktion, dem Einkauf, dem Vertrieb, der Technik, dem Marketing, der Finanzabteilung, dem Qualitätsmanagement und der Geschäftsführung. Auch jenseits der Firmengrenze hört die Kommunikation nicht auf. Lieferanten, Kunden, Händler, Mitbewerber, Messekunden u.a. warten auf Sie. Sie bewegen sich in verschiedenen Hierarchien und Kulturen.

Fragen Sie nach, ob und wie Ihr Gegenüber Sie versteht. Ein polnischer CAD-Ingenieur hat ein anderes Verständnis als ein chinesischer Lieferant und als Sie. Ein Geschäftsführer benötigt andere Informationen, um ihn für eine Investition zu begeistern als der Entwicklungs- oder Verkaufsleiter. Eine Einkaufsabteilung benötigt andere Spezifikations-Hinweise als die interne Entwicklungsabteilung.
Bedenken Sie dies in Ihrer schriftlichen und mündlichen Kommunikation und vermeiden Sie Missverständnisse durch Sprachbarrieren und unterschiedliche Bedürfnisse.

Was können Sie selber an Ihrer Kommunikation verändern, wenn der Gedanke aufblitzt „Man, der kapiert es nicht! Ich brauche dreimal so viel Zeit, wenn ich es erklären muss. Da mache ich es lieber direkt selber."
Da es wesentlich einfacher ist, seine eigenen Verhaltensweisen zu verändern, als andere zur Veränderung zu motivieren, reflektieren Sie Ihr Kommunikationsverhalten, um Potentiale für eine gute Zusammenarbeit zu finden.

Kommunikations-Potentiale für gute Zusammenarbeit:

- Fragen Sie Andere nach Ihrer Meinungen und Erfahrung?
- Kommunizieren Sie ehrlich und verständlich?
- Lassen Sie Fehler zu oder sind Sie direkt auf der Palme?
- Kommunizieren Sie Fehler und Veränderungen den Beteiligten?
- Bereinigen Sie Konflikte frühestmöglich?
- Dokumentieren Sie Ihre Arbeiten auffindbar und transparent?
- Haben Sie eine positive Einstellung zu Ihrem Gegenüber?
- Geben Sie Feedback und Lob?

Ihre professionelle Kommunikation wird mit spürbarer besserer Zusammenarbeit, Ansehen bei den Kollegen und der Geschäftsführung belohnt.

18. Der Einkäufer als Freund – Teamarbeit

Stellen Sie sich folgende Situation vor: Sie benötigen dringend ein neues Muster. Sie füllen das nötige Formular aus und bitten persönlich den Einkäufer eine Bestellung auszuführen. Mit gesenktem Kopf gehen Sie aus der Abteilung. Was ist passiert?

Der Einkauf muss noch zwei bis drei Angebote einholen, die Bestellzeiten sind länger oder der Lieferant passt nicht ins Portfolio. Und Sie, das Unternehmen, möchten ein innovatives Produkt auf den Markt bringen! „Kein Wunder, dass wir mit den Innovationen immer zu spät sind", klagen die Produktverantwortlichen. 56% der Unternehmen verpassen tatsächlich die zeitgerechte Markteinführung.

Genau wie in der Produktentwicklung sind im Einkauf Prozesse notwendig, um die Qualität und die Termine zu sichern. Diese

Prozesse gibt es nicht, um den engagierten Produktmanager zu ärgern. Der Einkauf ist immer bestrebt, dass Sie das beste mögliche Produkt erhalten: Zum besten Preis, in der richtigen Qualität und zum optimalen Termin.

Küren Sie den Einkäufer zu Ihrem Freund. Wie Sie und ich möchte er für seine Arbeit Wertschätzung erfahren. Das gelingt im Berufsalltag am besten, wenn Sie seine Aufgaben verstehen und regelmässig mit ihm reden. Der Einkäufer ist am Puls der Zeit. Er kennt den Lieferantenmarkt, nimmt an Messen teil und erfährt von neuen Technologien. Das liefert Ihnen wertvolles Insiderwissen, interessante Lieferanten und eine schnellere Musterbeschaffung. Erleben Sie, dass Einkäufer mit verblüffenden Ideen zu Ihnen kommen, wenn Sie es zulassen. Und wie stolz sie sind, wenn eine ihrer Ideen, in einem Produkt realisiert wurde.

Zusammenarbeit fördern

Integrieren Sie die Einkaufsabteilung sehr früh in Projekt- oder Produktteams. Jeder profitiert dabei vom Wissen des Anderen. Der Produktmanager kennt die Einkaufsprozesse und kann dessen Bedürfnisse, wenn möglich früher platzieren. Andererseits ist der Einkäufer über Neues im Bilde und wird nicht ins eiskalte Wasser geworfen. In der Situation ist niemand hoch leistungsfähig.

19. Produktsterben – Produkte eliminieren

Bei fast allen Produkten kommt der Zeitpunkt, an dem der Abverkauf langfristig sinkt oder auf niedrigem Niveau stagniert. Die Eliminierung eines Produktes wäre nötig, doch wird genau dies häufig vernachlässigt. Die laufenden Projekte um Neuheiten und Top-Seller sind dringlicher und attraktiver. Unrentable Produkte verursachen unnötige Lagerkosten für das Produkt und dessen Zubehör, Betreuungsaufwand, längere

Ersatzteilverfügbarkeiten und Kundenservices. Seien Sie daher mutig, auch langjährige Verkaufsschlager zu hinterfragen, wenn der Absatz sich nicht mehr steigern lässt und die Marge die Fixkosten nicht mehr deckt.

Wie erkennen Sie ein Produktsterben?

- Die Absatzzahlen sind konstant gering
- Die Lagerkosten sind höher als die Produkterträge
- Fixkosten werden nicht gedeckt
- Der firmeninterne Aufwand ist höher als der Gewinn
- Es fehlen Kunden mit speziellem Nutzen aus dem Produkt
- Das Produkt dient nur als Argumentationshilfe im Verkauf
- Das Marktwachstum ist rückläufig

So gelingt die Sortimentsbereinigung:

- Analysieren Sie Marktwachstum und Marktanteil
- Analysieren Sie die Auswirkungen auf andere Produkte
- Argumentieren Sie Ihre Entscheidung
- Planen Sie gemeinsam mit Verkauf und Beschaffung
- Denken Sie beim Vorrat an Garantie- und Ersatzteilservices
- Kommunizieren Sie intern und extern den Produktauslauf
- Bieten Sie Ausverkaufsaktionen für das Produkt und Zubehörteile
- Bieten Sie gegebenenfalls Ersatzprodukte an

Absatz

Fragezeichen	Sterne
Weiterentwickeln	Entwickeln
Eliminieren	Behalten
Arme Hunde	Milchkühe
Eliminieren	Halten
Behalten	

Gewinn

Lohnt sich der Verkauf von „Armen Hunden" noch?

Risiken bei der Sortimentsbereinigung

Analysieren Sie vor der Sortimentsbereinigung die Positionierung der Produkte im Portfolio. Wenn Sie ein strategisch wichtiges Produkt aus dem Sortiment nehmen, kann es zu weiteren Absatzverlusten bei anderen Produkten kommen. Wenn Sie z.B. ein günstiges altes Produkt aus dem Sortiment nehmen, dieses jedoch als Verkaufshilfe für andere Produkte mit mehr Margen diente, dann reduzieren Sie höchstwahrscheinlich auch den Verkauf dieser Produkte. Dies kann dazu führen, dass Händler sich für ein Wettbewerbsprodukt entscheiden und der Absatz noch mehr sinkt.

Um Risiken zu beurteilen, sind die internen Kosten- und Komplexitäts-Einsparungen bei Produkteliminierungen den Auswirkungen im Verkauf gegenüberzustellen.

20. Die sichere Markteinführung

Das Produkt wird eingeführt und Ihre Firma wartet gespannt auf die ersten Reaktionen. Und dann passiert es: Die Kunden reklamieren, die Produktqualität ist schlecht, die Verpackung hält nicht, die Lieferzeiten sind zu lang, die Navigation in der Software wird nicht verstanden oder die Nachfrage ist höher.

Wie können vor allem negative Erfahrungen bei Markteinführungen vermieden werden? Nicht jede Unwegsamkeit kann eliminiert werden, denn in der vernetzten Welt sind wir abhängig von globalen Kunden und Lieferanten. Unruhen oder Umweltkatastrophen können nicht in die Planung integriert werden. Doch Risiken, wie z.b. schlechte Lieferqualität, Lieferverzug oder mangelnde Kundenakzeptanz können im Voraus betrachtet werden.

10 Tipps, für eine sichere Markteinführung:

1. Mit interdisziplinären Teams das Projekt planen
2. Frühzeitig Beschaffung, Marketing und Verkauf integrieren
3. Risiken analysieren und Massnahmen festlegen
4. Kundennutzen verständlich informieren
5. Qualitäts- und Marketingkennzahlen definieren und Massnahmen festlegen
6. Kennzahlen überwachen und steuern
7. Vorgängig Produkttests mit Anwendern und Verkäufern durchführen
8. Markteinführung nach Ländern und in Mengen planen
9. Verkaufsleitung und -mitarbeiter rechtzeitig schulen
10. Bei kritischen Lieferanten und Prozessen erste Absatzmengen vorproduzieren lassen

Bei Produkteinführungen mit hohen Unsicherheiten können Sie die Produkte in Testmärkten, „Lead-Countries", einführen. Während eines bestimmten Zeitraums werden Verbesserungen

am Produkt und in der Kommunikation vorgenommen. Erst danach werden die Produkte in anderen Ländern eingeführt. Täglich werden Produkte zurückgerufen. Der finanzielle und der Image Schaden sind für die Firmen hoch. Die dadurch entstandenen Kosten rechtfertigen eine sorgfältige Produkt- und Markteinführung am Anfang eines Projektes. Aktuelle Beispiele zu Produktrückrufen finden Sie unter:
www.produktrueckrufe.de

21. Auf der Lauer liegen – Benchmark

Unternehmen benötigen umfangreiche Daten über Wettbe-werbsprodukte. Eine Benchmark ermöglicht den systematischen Vergleich des Unternehmens mit den Besten seiner Branche. Dabei können Prozesse, Geschäftsmodelle, Produkte, Technologien oder das Marketing analysiert und neue Chancen im Markt sichtbar werden. Im folgenden Beispiel sehen Sie eine Benchmark zwischen drei Firmen (rot, grün, blau) mit deren Produkten (D, P, B). Die Grösse der Kreise stellt die Marktanteile dar. Im Beispiel werden Qualität und Preis mit dem Wettbewerb verglichen und die Positionierung im Wettbewerb aufgezeigt.

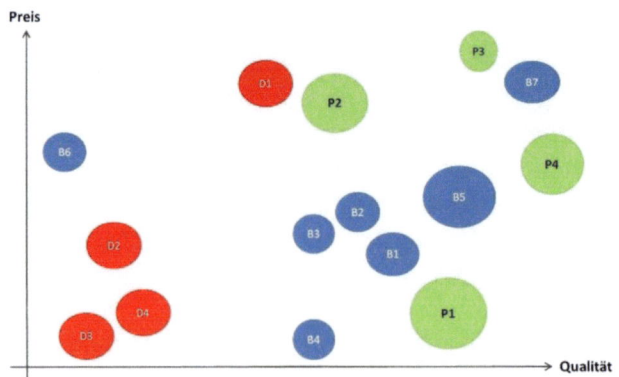

Produktpositionierung im Markt

Wie erhalten Sie diese Daten?

Nutzen Sie für die Informationsbeschaffung Ihre Wettbewerbs-Netzwerke, Kollegen in anderen Firmen, Kontakte zum Aussendienst, Kundenbefragungen und Verkaufsmitarbeiter. Besorgen Sie sich das Marketingmaterial der Mitbewerber, analysieren Sie die Homepage und kaufen Sie Konkurrenzprodukte. Beim Kauf von Konkurrenzprodukten, die bei Ihnen im Land noch nicht erhältlich sind, zahlen sich die guten Beziehungen zu Ihrem Händler-Netzwerk aus.

Der richtige Zeitpunkt für einen Benchmark:

- Kontinuierlich
- Bei Neulancierung des eigenen Produktes
- Bei Lancierung eines Wettbewerbsproduktes

Und wie können Sie eine Produkt-Benchmark noch nutzen?

Sie kennen nun die Stärken und Schwächen Ihres Produktes im Vergleich zur Konkurrenz. Erstellen Sie eine Information für Ihren Aussendienst und Ihre Händler. Sie werden begeistert sein, neue Argumente zu den Stärken und Vorteilen der Produkte zu erhalten und treten noch kompetenter auf.

22. Modernes Design – Potentiale nutzen

Sie stehen am Anfang eines Innovationsprozesses und Sie hören von Kunden: „Das Produkt soll moderner sein", „Die Konkurrenz ist besser." Intern variieren die Meinungen von: „Das Produkt hat sich bisher auch ohne Design verkauft" bis zu „Endlich ein frischer Wind."

Das Auge isst mit!

Möbel, Haushaltswaren, Autos, Gadgets, Homepages sogar Müllwagen haben ein modernes, frisches Design. Auch im Anlagenbau oder in der Software wird heute auf ein ansprechendes Design geachtet, das natürlich kundengerecht ist. Gutes Design ist mehr als ein ästhetisches Äusseres. Es findet Lösungen, die der Kunde als durchdacht empfindet und die das Produkt gut bedienen lassen. Lässt sich das in Verkaufszahlen ausdrücken? Denken Sie an Apple, Mini, Lindt, Dyson oder KitchenAid.

Testen Sie, ob das Produktdesign zukunftsfähig ist mit:

- Schlüsselkunden
- Neukunden
- Internen Mitarbeiter

Erstellen Sie als Produktmanager nicht das Design. Diese Kernkompetenz liegt bei ausgebildeten Designern, auch wenn es Ihnen wirklich viel Spass macht.

Gehen Sie zu einer professionellen Designagentur und informieren Sie sich, welche Leistungen sie Ihnen bieten kann. Lassen Sie sich Designlösungen zeigen und fragen Sie nach dem ursprünglichen Ziel, welche Überlegungen zur Lösung führten und ob die Ziele erreicht wurden. Sehen Sie die Muster an und urteilen Sie selber, ob die Agentur Ihre Anforderungen umsetzen könnte.

Gutes Design findet durchdachte Lösungen für:

- Die Integration von neuen Technologien
- Hohe Benutzerfreundlichkeit
- Gute Ergonomie
- Neue Energiesparpotentiale
- Einfache Konstruktionsmöglichkeiten

Die Möglichkeiten sind beachtlich. Sie können Produktkosten senken und dennoch ein spürbar besseres Design verkaufen. Schauen Sie sich die Seiten des IF-Awards und RedDot Design-Awards an und staunen Sie, welche Industrien nach cleveren

Designs streben. Vielleicht ist auch ein Unternehmen aus Ihrem Marktumfeld dabei?

Spielen Sie mit den Ewiggestrigen. Geben Sie Ihnen das weniger schöne Firmenauto, alte Büromöbel oder Plastikbecher statt Porzellan in der nächsten Sitzung. Wenn dies zu abweisenden Reaktionen führt, haben Sie gute Karten. Starten Sie dann mit einer modernen Designentwicklung.

Es ist ein besonderes Erlebnis, wenn langjährige und kritische Verkäufer und Mitarbeiter zu einem neuen Produkt im Anlagenbau sagen, „Das Produkt ist sexy!", „Es macht viel Spass, mit der Maschine zu arbeiten" oder „Die Kunden sind überwältigt."

23. Überzeugend präsentieren

 Meine Kollegen haben mich oft gefragt „Wieso werden Deine Ideen eigentlich immer abgenickt?" „Weil die Zuhörer nicht einnicken" war meine Antwort.

Was habe ich anders gemacht? Ich war vorbereitet!

Viele Menschen mögen Präsentationen nicht und meiden sie wie überfüllte S-Bahnen. Doch manchmal kommt keine nächste S-Bahn: Sie müssen einsteigen.

Präsentieren heisst „Überzeugen in Kürze mit Würze." Ich kann Ihnen versichern, dass Sie dies erlernen können. Bevor Sie nun ein Rhetorik-Seminar buchen, zeige ich Ihnen Wege, um Ihre nächste Präsentation wirkungsvoller zu gestalten und die Teilnehmer zu überzeugen.

Vor der Präsentation fragen Sie sich:

- Welche Zuhörer haben die Entscheidungsmacht?
- Welche Werte, Einstellungen haben die Teilnehmer?
- Was erwarten die Zuhörer von der Präsentation?

- Welche Informationen verblüffen die Zuhörer?
- Wie kann ich meine Argumente darauf anpassen?
- Welche Fakten untermauern meine Argumente?
- Sind alle meine Informationen für jeden verständlich?
- Welche Visualisierungsmöglichkeiten habe ich?
- Welche Geschichte kann ich dazu erzählen?

Die Antworten unterstützen Sie beim inhaltlichen Aufbau und der Argumentation. Durch die Antworten werden Sie sicher im Auftreten und Sie wirken glaubwürdig. Sie werden Meinungsbildner!

Auch wenn Sie spontan etwas präsentieren sollen, nützen schon wenige dieser Antworten, um Informationen wirksam zu präsentieren. Jeder wird Ihnen drei Minuten zur Vorbereitung gewähren, wenn sie anschliessend in der Sitzung, die richtigen Informationen erhalten. Laut einer Studie des Wall Street Journals sind 3% der Präsentationen begeisternd, 13% okay, 40% einschläfernd und 44% langweilig! Mit den folgenden Tipps gehören Sie zu den 3%, die mit Präsentationen begeistern.

Präsentations-Highlights, die Zuhörer aufhören lassen:

- Verkaufen Sie Ihr Wissen („Meine Studien zeigen", „Meine Nachfrage bei Kunden")
- Nennen Sie Hintergründe zur Lösung
- Erklären Sie den Nutzen für den Kunden/Auftraggeber
- Zeigen Sie emotionales und passendes Bildmaterial
- Visualisieren Sie mit Mustern, Prototypen, Design-Skizzen, Demos
- Lassen Sie die Zuhörer anfassen/riechen/benutzen/hören
- Nutzen Sie auch Flip-Charts statt Powerpoint-Folien

Auch das Auftreten des Präsentators ist für die Entscheider wichtig. Ein Seminarteilnehmer erzählte im

Erfahrungsaustausch, dass „neue Ideen vor dem Gremium immer durchrasseln. Im Entscheidungs-Gremium sind nur unqualifizierte Personen." Nach mehrmaligem Nachfragen stellte sich heraus, dass der Präsentator seine Kollegen gerne als unfähig bezeichnet, dies in Mimik und Gestik zeigt und äusserst ungeduldig ist, wenn seine mathematischen Ausführungen nicht verstanden werden. Achten Sie daher auch auf die Vortrags-Kompetenz und die Denkhaltung des Vortragenden.

Rhetorische Kniffe für überzeugende Präsentationen:

- Zeigen Sie Begeisterung. Das steckt an
- Nutzen Sie humorvolle Einlagen. Denn jeder lacht gerne und wird sich daran erinnern
- Integrieren Sie die Zuhörer mit gezielten Fragen
- Stellen Sie Fragen, die die Zuhörer mit „Ja" bestätigen können
- Erzählen Sie eine persönliche Geschichte, die das Thema einleitet
- Gönnen Sie sich den Luxus einer eigenen Meinung
- Halten Sie mit vielen Zuhörern Blickkontakt
- Machen Sie Redepausen von 3-5 Sekunden, um Bedeutendes hervorzuheben
- Nutzen Sie max. acht Wörter pro Satz, um Spannung aufzubauen
- Sprechen Sie in aktiven Wörtern und in der Gegenwart
- Achten Sie auf eine aufrechte, sichere Körperhaltung
- Variieren Sie Ihre Stimme in Lautstärke und Geschwindigkeit

10 Präsentations-Tipps für Power-Point Präsentationen:

1. Strukturieren Sie den Inhalt vor der Erstellung
2. Wählen Sie eine Schrift, die hinten im Raum lesbar ist
3. Finden Sie ein einheitliches Farbthema
4. Sorgen Sie für gute Kontraste

5. Verwenden Sie wenig Informationen auf einer Folie
6. Zeigen Sie Tabellen nur mit wesentlichem Inhalt
7. Nutzen Sie auch Bilder statt Texte
8. Berücksichtigen Sie das Vorwissen der Zuhörer
9. Nutzen Sie die Sprache der Zuhörer
10. Testen Sie Ihren Vortrag und die Zeiteinhaltung

Ein Beispiel einer typischen Aussage in einer Präsentation: Letztes Jahr hatten wir 5% Umsatzgewinn. Die Händler haben uns mitgeteilt, dass die Endkunden mit dem neuen Produkt zufrieden sein werden und der Erfolg vom Vorjahr um 3% übertrumpft wird.
Wie hört sich folgende Formulierung für Sie an:
2016. Wir erzielen 5% Umsatzgewinn. Die Händler finden das aktuelle Produkt spektakulär. Mit der lang ersehnten Produktlösung erreichen wir eine Umsatzsteigerung von 8% in 2017. (Zeichnen Sie hier langsam nur die 8% auf einem Flip-Chart. Pausieren Sie drei Sekunden zwischen dem ersten und zweiten Satz.)

Erleben Sie die Aufmerksamkeit, die Sie dabei erzeugen werden!
Lernen Sie mit positiven Kraftausdrücken und Fakten Ihre Zuhörer aufzurütteln und zu fesseln.

24. Marktdaten in Kürze – Das PM-Cockpit

Ein Firmenchef sagte einmal zu mir: „Ich rede lieber mit meinen Kunden und treffe dann Entscheidungen. Die ganzen Analysen dauern zu lange. „Hatte er Recht?"

Er ist ein mutiger Mensch und sieht Fehlentscheidungen als Chance zum Lernen. Dennoch benötigt auch neben den Informationen aus Kundenmund ein paar Marktdaten. Sie

können Sie sich denken, wann er diese dann lesen wollte: „Am besten gestern!"

Daher ist es hilfreich, wenn Sie sich frühzeitig relevante Marktdaten für Ihr Produktportfolio aufbauen und aktuell halten.

Wichtigste Informationen für ein Produktmanagement (PM)-Cockpit:

1. Kenntnisse der Unternehmensstrategie und Ziele
2. Firmen- Kompetenz
3. Stärken/Schwächen der Firma
4. Verkaufs- und Absatzzahlen
5. Deckungsbeiträge von Produkt und Linie
6. Anteil Produkt/Produktlinie am Gesamtumsatz
7. Wichtigste Mitbewerber und deren Top-Seller

Legen Sie die Informationen so ab, dass Sie diese schnell wiederfinden. Erstellen Sie dazu eine Präsentations-Vorlage oder nutzen Sie für eine automatisierte Erstellung eine Datenbank oder eine Software, z.B.:

- www.gps-dataservice.de
- www.rbc.ch
- www.tableausoftware.com

25. Konflikte vermeiden: Wertschätzung zeigen

 Wie erleben Sie den Alltag im Produktmanagement? Werden Sie auf Rosen gebettet? Produktmanager ist eine Berufsbezeichnung, deren Bedeutung nicht jedem Kollegen verständlich ist. Durch Unsicherheiten und Missverständnisse, bezüglich der Verantwortungen und Aufgabengebiete, treten viele Konflikte in der Zusammenarbeit mit anderen Abteilungen auf.

Eine typische Reaktion eines Produktionsleiters habe ich bei einem Kunden gehört: „Jetzt will mir der Produktmanager auch noch sagen, wie ich mein Brot backen soll." Produktmanager müssen neue Wege gehen und Trampelpfade verlassen, um Lösungen für Kunden zu finden. Für andere kann das Neue zu Angstreaktionen und Ablehnung führen.

Miteinander statt Gegeneinander – Was hilft?

- Kollegen die Aufgaben und die Verantwortung erklären
- Informationen so weitergeben, dass Andere sie verstehen
- Aufzeigen der gemeinsamen Ziele für das Unternehmen
- Abteilungsübergreifende Zusammenarbeit fördern
- Verständnis für die Aufgaben der Anderen zeigen
- Die Erfahrungen von Kollegen wertschätzen
- Andere für Ihre Leistungen loben
- Konstruktives Feedback geben
- Bei Veränderungsprozessen Geduld zeigen

26. Eine Symbiose mit dem Verkaufsteam

Wann sprechen Sie mit Verkaufsmitarbeitern? Bei der Organisation eines Produktmanagements ist auf einen guten Kommunikations-fluss mit dem Verkauf zu achten. Oft passiert es jedoch, dass die Verkaufsabteilung über neue Produkte zu wenig informiert ist und neue Produkte ungerne oder unsicher anbietet.

Warum ist immer wieder von Grabenkämpfen zwischen Produktmanagement und Verkauf zu hören? Der Verkäufer ist für das Produktmanagement von unschätzbarem Wert. Er ist beim Kunden vor Ort, kennt die Sorgen und Nöte der Händler und Kunden, die Top- und Low-Sellers und die Verkaufsargumente, die beim Kunden Gehör finden.

Andererseits gäbe es ohne Produktmanager keine Produkte zu verkaufen.

Erkennen und nutzen Sie die Vorteile beider Disziplinen und optimieren Sie Ihre Prozesse. Arbeiten Sie durch bessere Kommunikation gemeinsam auf ein Ziel hin: Mehr Verkauf von Produkten, die Kunden begeistern.

Die Kommunikations-Transmitter

- Seien Sie regelmässig präsent bei Verkaufssitzungen
- Präsentieren Sie neue Produktideen und Marketingaktionen
- Informieren Sie über die Produkt-Roadmap
- Integrieren Sie den Verkauf bei Entscheidungen im Produktlebenszyklus
- Gehen Sie gemeinsam Kunden besuchen
- Informieren Sie proaktiv über Kundenbesuche
- Holen Sie regelmässig Marktdaten vom Verkauf ein
- Fragen Sie nach Länderberichten
- Erstellen Sie rechtzeitig Schulungsunterlagen
- Schulen Sie den Verkauf vor der Markteinführung
- Holen Sie Rückmeldungen über Markteinführungen ein

So zeigen Sie Interesse an den Erfahrungen des Verkaufs und erweitern ganz nebenbei Ihr Marktwissen.

27. Endlich faire Preise – Preise festlegen

Bei jeder Produktentwicklung das gleiche Szenario: Wie soll der Preis ermittelt werden? Ist er zu hoch, wird das Produkt vielleicht nicht gekauft. Liegt er zu niedrig, wird der benötigte Ertrag für ein Unternehmen nicht erreicht.

Ermitteln Sie die Produktkosten und die Kosten für Zusatzleistungen über den gesamten Produktzyklus, um keine Margen-Überraschungen zu erleben. Die Total Cost of

Ownership (TCO) ist für das Unternehmen genauso wichtig für die Käufer.

Fragen Sie Ihre potentiellen Kunden, was sie für eine Lösung zahlen würden. Die meisten Kunden würden mehr ausgeben, wenn ihre Bedürfnisse genau befriedigt werden. Das habe ich selber schon mehrmals erlebt. Auch in meinen Ausbildungen erlebe ich oft, dass Firmen die Preise nach den Herstellkosten ausrichten.

Haben Sie keine Angst, dass von potentiellen Kunden nur günstige Preise genannt werden. Wenn Sie echte Probleme für Kunden lösen, dann machen Sie Kunden erfolgreicher, gesünder oder glücklicher. Und wer möchte dafür nicht gerne investieren? Schauen Sie einmal dazu die Umsätze der Gesundheits-, Schönheits- und Luxusbranche an.

So finden Sie kundenorientierte Preise:

- Fragen Sie bei Kunden und potentiellen Kunden, was Sie im täglichen nervt/behindert/stört.
- Welche Gründe hindern Kunden aktuell daran, Ihr Produkt oder vergleichbare Produkte des Wettbewerbs zu kaufen?
- Fragen Sie konkret, was die Lösung kosten darf
- Gruppieren Sie Kunden nach verschiedenen Bedürfnissen und legen Sie dann die Preise fest
- Suchen Sie nach Produkt- und Servicelösungen, die Preisstaffelungen ermöglichen
- Achten Sie auf die unterschiedliche Kaufkraft in Regionen

Preistransparenz bedeutet, dass ein Kunde die Gründe für einen bestimmten Preis nachvollziehen kann, z.B. Einzigartigkeit, hohe Qualität, neuste Technologien oder faire Produktionsbedingungen. Kunden sind heute sehr gut informiert und können in der Regel aus einer Vielzahl von

Anbietern Produkte auswählen. Daher ist das Verständnis für die Preisentstehung wichtig.

Ein Beispiel für fehlende Transparenz ist die Preiserhöhung des sozialen Netzwerkes Xing. Xing hat im März 2014 die Preise für die Schweizer Premium-Mitglieder markant angehoben. Anstelle von 128.30 Euro zahlt der Schweizer Kunde nun über 286 CHF für ein 2-Jahres-Abo. In der Email-Information wurde als Grund die Umstellung von Euro auf die Schweizer Währung genannt. Kaum ein Kunde konnte diese Preiserhöhung nachvollziehen und viele Kunden waren verärgert. Via Twitter wurde eine Xing-Fail-Protestgruppe gestartet!

Das bedeutet jedoch nicht, dass Sie nun Ihre Produktkalkulation offenlegen sollen. Die Preiskalkulation bleibt Geschäftsgeheimnis! Wichtig ist, dass der Kunde sich mit dem Preis und den Leistungen wohl fühlt. Wenn die Kunden den angebotenen Preis nicht verstehen, werden alle Argumente ins Leere laufen und die Kunden das Weite suchen. Denken Sie bei B2B-Kunden auch an die Total Cost of Ownership, die heute gefragter denn je ist: was kostet das Produkt mit allen Services bis zum Ende der Lebenszeit?

28. Preise sind emotional – immer!

Warum haben Sie das Bio-Gemüse gekauft oder warum denken Sie darüber nach, die Geschäftsreise mit Lufthansa und nicht mit EasyJet zu beginnen?

Weil Sie bestimmte Erwartungen und Wünsche haben! Das Unbewusste in uns spiegelt sich auch in der Preiserwartung wider.
Wenn Sie jemandem erzählen, dass Sie ein Produkt in der Schweiz entwickeln oder eine Veranstaltung in der Schweiz organisieren, dann ist die Erwartungshaltung häufig, dass dies zwar teurer ist, aber auch qualitativ hochstehend.

Unbewusste Preisbeeinflusser:

- Grundansprüche in Bezug auf Qualität, Design, Preis, Funktionalität, Service, Ökologie, Menschlichkeit, Image
- Empfehlungen von Vertrauenspersonen
- Erfahrungshintergrund mit der Firma oder Wettbewerbsfirma
- Erfahrungen mit einem ähnlichen Produkt
- Beurteilungen durch Internetvergleichsdienste, z.B. comparis.ch
- Testberichte, z.B. Stiftung Warentest, K-Tipp, Beobachter

Diese Faktoren werden bewusst und unbewusst beim Produktkauf herangezogen und mit dem Preis verglichen. Der Kunde entscheidet bei Investitionsgütern genauso wie bei Konsumgütern, ob der Preis gegenüber seinen Erwartungen mit dem Produkt gerechtfertigt ist.

Nutzenorientierte Kunden kaufen eine Bohrmaschine oder ein Mobiltelefon nicht, weil das Produkt ein schöneres Design hat. Sie bezahlen den Preis, wenn die Ansprüche nach Funktionalität erfüllt sind. Diese Kunden lieben Testberichte.

Serviceorientierte Kunden sind Ihnen dankbar, wenn sie zwischen verschiedenen Leistungen wählen können und nur zahlen, wenn sie diese auch in Anspruch nehmen. Als Beispiele gibt es die Versandarten „normal, schnell, urgent". Auch die Luftfahrtgesellschaften machen es vor: Basic, Standard, Premium. Jedes Segment erfüllt andere Ansprüche, z.B. günstig, flexibel oder mehr Komfort. Serviceorientierte Kunden denken gerne an die Weiterempfehlungen und Service-Erfahrungen aus dem Bekanntenkreis.

Preisorientierte Kunden werden sich für ein Produkt begeistern, wenn Sie Aktionen oder Schnäppchen anbieten.

Auch bei technischen Gütern ist Emotionalität ein Thema: Hier entscheiden die Emotionen nach Präzision, Prozesssicherheit, Perfektion oder Fortschritt. Bei Finanzprodukten sind emotionale Werte wie z.b. Vertrauen, Sicherheit, Beziehungspflege und Individualität gefragt.

Erkennen Sie den wahren Wert des Produktes und der Emotionen.

29. „Wetten, dass...?"

...Sie ab morgen Reklamationen lieben?

Ihr Handy klingelt und der Verkaufsleiter Herr Nieselregen beschwert sich über das neuste Produkt, denn die Anzahl der Händler-Reklamationen ist erschreckend hoch. Sie fühlen sich unwohl, denn als Produktmanager möchten Sie glückliche Kunden. Mit dem Gefühl sind Sie nicht alleine. Reklamationen erleben die meisten Menschen als unangenehm. Das muss aber nicht sein.

Ändern Sie Ihre Blickrichtung:

Sie erhalten einen Anruf. Es nimmt sich jemand Zeit, um mit Ihnen Kontakt aufzunehmen und von seinem Problem zu erzählen.

Reklamationen bieten gratis Informationen zu:

- Qualitätsmängeln
- Falsche Nutzung
- Anwendern
- Verbesserungen
- Wettbewerbs-Produkten

Tipps im Umgang mit Reklamationen:

- Holen Sie tief Luft!
- Malen Sie einen Smiley auf ein Blatt Papier und lächeln Sie ihn an!
- Stellen Sie Ihre offenen Fragen klar und deutlich
- Lassen Sie sich möglichst viel über das Produkt und dessen Anwendung erzählen
- Informieren Sie über das weitere Vorgehen
- Integrieren Sie den Reklamierenden als zukünftige Testperson
- Rufen Sie einen Reklamierenden nach der Reklamations-abwicklung an und fragen Sie nach, ob er zufrieden ist

Als Produktmanager erhalten Sie Reklamationen, z.B. von der Geschäftsleitung, der Produktion, dem Vertrieb oder von Schlüsselkunden. Eine positive Einstellung erleichtert Ihnen ein freundliches Gespräch und die Lösungssuche. Denken Sie daran, dass Sie in der Regel aus jeder Reklamation etwas lernen können.

30. Marketing für Techniker

Techniker und Ingenieure lieben Fakten, Fakten, Fakten! Am liebsten verkaufen Sie Produkte über Funktionen, Dimensionen und technologische Highlights. Doch kaufen die Autoliebhaber einen Porsche, weil er 612 PS hat oder weil der Sound und das Fahrgefühl so gut sind? Warum kauft ein Motorradfahrer eine Harley Davidson in Deutschland? Warum besitzen Frauen im Durchschnitt 17,3[4] Paar Schuhe?

Marketing ist nicht „nicht fassbar und verschwendet nur Geld." Gutes Marketing kommuniziert die Lösungen für die Probleme,

---

[4] Studie von Meinungsforschungsinstitut YouGov. 2015

Sehnsüchte und Bedürfnisse für Menschen. Marketing ist für alle Firmengrössen und Branchen lebenswichtig.

Marketing ist alles – oder kaufen Kunden bei Ihnen immer ab Lager?

- Online-Auftritt (Homepage, soziale Medien)
- Visitenkarte
- Flyer und Broschüren
- Messestände
- Persönlichkeiten und Expertise
- Mund-zu-Mund-Propaganda
- Netzwerk-Veranstaltungen
- Vorträge und Schulungen
- Produktaussehen und Funktionalität
- Produktgeräusche, z.b. bei Chips oder den Porsche

Bei Allem können Sie Kunden gewinnen oder verlieren.

Denken Sie bei Verkaufsunterlagen, Vertriebsinformationen oder Marketingaktionen an folgendes:

- Kennen Sie das Einkaufsverhalten und die Kaufargumente der Käufergrupp und der Entscheider
- Nennen Sie die konkrete Lösung, um Probleme zu lösen, Sehnsüchte zu stillen oder Wünsche zu erfüllen
- Sprechen Sie die Sprache der Kunden
- Zeigen Sie, was passiert, wenn das Produkt oder der Service nicht eingesetzt wird
- Sprechen Sie die fünf Sinne in der Botschaft an
- Nutzen Sie keine abgedroschenen Marketingfloskeln
- Überlegen Sie, was Sie dem Kunden zusätzlich anbieten können
- Bieten Sie Hilfsmittel für Entscheidungen, z.B. Muster

Zwei Beispiele von Marketing für Kompaktkameras:[5]

Panasonic LUMIX DC-FZ82 - Bridge-Kamera - 18.1 MP - 20mm
Weitwinkel & 60x Zoom - 4K Foto- & Video-Funktion - 3" (7.5 cm)
TFT-LCD-Display - Schneller Hybrid Kontrast AF - Wi-Fi - Schwarz

Ultraweitwinkel mit dynamischem Zoom von 20–1200 mm. Halten Sie besondere Momente fest, ob nah oder fern. Mit dem Zoomobjektiv von 20–1200 mm und der 4K Video/Photo-Aufnahmefunktion können Sie jeden noch so flüchtigen Moment festhalten, wenn Sie draussen aktiv unterwegs sind.

SONY Cyber-shot DSC-RX10 III - Digitalkamera - 20.1 MP - Ultra High **Definition - 30 BpS - 25 x optischer Zoom - Carl Zeiss - Wi-Fi, NFC - Schwarz**

24-600 mm F2,4-4 Objektiv mit grosser Blende und optischem Zoom Das erste 25fach optische Zoom-Objektiv in einer Kamera der RX-Serie verfügt über 24-600 mm13 Extra-Weitwinkel bis Ultra-Tele-Zoombereich in einem hellen F2,4-4 Objektiv; Super-ED-Glass, ED-Glass und asphärische Objektivelemente für hervorragende Bildauflösung, hervorragenden Kontrast und hervorragende Qualität; und eine Einheit mit neun Blendenlammellen für überragende Wiedergabe von Bokeh-Hintergründen.

Finden Sie in Kundeninterviews und Umfragen direkt heraus, was Ihre Kunden begeistert und wie Kunden langfristig binden können.

Fragen für ein zielsicheres Marketing:

- Welche Kundenprozesse lassen sich vereinfachen?
- Was hilft dem Kunden Zeit oder Geld zu sparen?
- Wie verbessert das Produkt das Image des Kunden?
- Welches Vorwissen hat der Käufer?
- Welche Sprache verwendet er?
- In welcher Umgebung wird das Produkt angewendet?

---

[5] Homepage von Media Markt 2017

Fragen Sie Ihre Kunden direkt, z.B.:

- Wie können wir unseren Verkaufsprozess vereinfachen?
- Welche Informationen haben Sie vermisst?
- Welche Services sind für Sie wichtig?
- Was würden Sie sich von uns in Zukunft wünschen?
- Was wären Gründe, zur Konkurrenz zu wechseln?

Sie ahnen nun schon, dass für die Vermarktung die Käuferpersona (Kapitel 13) eine zentrale Rolle spielt.

31. Kundenzufriedenheit ermitteln

Die Zufriedenheit mit einem Produkt oder mit einem Service entscheidet darüber, ob der Kunde einem Unternehmen treu bleibt, die Dienstleistungen weiterempfiehlt oder ob er sich beschwert. Sie haben sicherlich von den sogenannten „Shitstorms" gehört, in denen Äusserungen von einer Fülle unzufriedener Kunden das Image von Unternehmen in den sozialen Medien massiv geschädigt haben. Beispiele dazu finden Sie im Internet unter www.intmag.de.

Ein Kunde ist mit einem Produktkauf zufrieden, wenn seine Erwartungen, die er an das Produkt stellt, nach dem Kauf erfüllt sind. Dieser Kunde wird das Produkt oder den Service gerne weiterempfehlen. Wenn Sie es als Unternehmen schaffen, dem Kunden mehr anzubieten, als er erwartet hat, dann erzeugen Sie wahre Begeisterungsstürme. Dieser „Wow-Effekt" veranlasst Kunden eigenmotiviert zu Mund-zu-Mund-Propaganda.
Schauen Sie sich dazu die vielen begeisterten Erlebnisse von Kunden des „toto washlets" auf Youtube an.

Ein zufriedener Kunde muss jedoch nicht immer zufrieden

bleiben. Funktionen oder Services, die heute „attraktiv" sind, können morgen schon zum Standard geworden sein. Diese Standards sind für innovative, moderne Kunden unspektakulär.

5 Methoden zur Ermittlung der Kundenzufriedenheit:

1. Kennzahlen zur Kundenzufriedenheit, z.B. Wiederkaufsrate, Umsatz pro Kunde, Weiterempfehlungs-Bereitschaft, Reklamationsbearbeitungszeit u.a.
2. Einteilung der Kundenwünsche in Begeisterungsfaktoren, Funktionalitätswünsche und Basisanforderungen. Dies ermöglicht eine Aussage zur Kundenloyalität und Weiterempfehlung
3. Strukturierte Kundeninterviews mit einer Befragung zu den Erlebnissen und einer genauen Beschreibung der Situation bieten sich bei komplexen Produkten an
4. Analyse der Reklamationen im After-Sales-Geschäft: Was waren die häufigsten Reklamationen? Wie viele waren es?
5. Auswertung der Garantieleistung: Für welche Produkte wurden am meisten Garantieleistungen gegeben?
6. Bewertungsplattformen, die Kundenzufriedenheiten mit Sternchen ermöglichen und sichtbar machen

Fragebögen zur Kundenzufriedenheit sind anonym, weit verbreitet einsetzbar und werden gerne angewendet, da sie wenig Kosten verursachen und ohne Beeinflussung beantwortet werden können. Die Erstellung eines Fragebogens ist keineswegs trivial. Die richtigen Fragen, die Fragenkombination, die Auswahl der Antworten sind sowohl für die Dateneingabe als auch für die Analyse wichtig. Falls Sie sich für eine Umfrage mittels Fragebogen entscheiden, geben Sie diesen zuerst verschiedenen Testpersonen. So können die

Funktionalität und das Verständnis der Fragen vorab überprüft und gegebenenfalls korrigiert werden.

Die Rücklaufquote bei Fragebögen ist jedoch meistens sehr gering. Umfragen bei anonymen Kunden führen in der Regel zu einer Rücklaufquote von ca. 0.5%. Bei Umfragen an Bestandskunden kann die Rücklaufquote bei 5% oder höher liegen. Die Rücklaufquote können Sie durch ein Dankeschön an die Teilnehmer erhöhen. Als Dankeschön bietet sich das Ergebnis der Umfrage, eine kleine Gratisleistung, eine Probe oder ein Buch zum Thema an.

Bekannte Tools für Umfragen sind www.surveymonkey.com, www. Onlineumfragen.com oder http://www.survio.com.

32. Digitalisierung 4.0 – Geht mich das was an?

Natürlich geht Sie das als Produktmanager etwas an, sofern Sie nicht ein Vogel Strauss sind. Denn Sie suchen nach neuen Services, Technologien, Produktverbesserungen und Innovationen, um die Probleme im Markt und bei Kunden so gut wie möglich zu lösen.

Die Digitalisierung bietet Firmen mit „Industrie 4.0" Chancen, B2B-Kunden echte Mehrwerte zu generieren. Dies setzt voraus, dass Sie mit den vernetzten Datenflüssen eine höhere Qualität, mehr Transparenz erreichen, Geld einsparen oder neue Kunden gewinnen. Der B2B-Kunde soll mit den Industrie 4.0-Lösungen erfolgreicher werden. Es geht nicht darum, möglichst viele Maschinen mit dem Internet zu verbinden oder einen Trend mitzumachen. Dafür ist die Realisierung von Industrie 4.0 zu teuer und zu komplex. Es geht darum, relevante Daten aus bestehenden Kundenprozessen zu vernetzten und so aufzubereiten, dass sie es ermöglichen, den Kunden erfolgreicher zu machen. Wenn dieses Software- und Change-

Projekt gelingt, können Kunden neue Services verkauft werden. Wenn Sie mittelfristig keinen Nutzen für die eigene Firma generieren, ist die Frage nach dem Unternehmenserfolg für den hohen Aufwand jedoch gerechtfertigt.

Hier ist es die Aufgabe der Produktmanager bei Kunden herauszufinden, welche Probleme B2B-Kunden aktuell haben und, wie diese sich digital vermeiden oder reduzieren lassen. Gleichzeitig ist es erforderlich, dass die eigene Firma davon profitiert. Die Entwicklung kann z.b. schneller Releases generieren, der Verkaufssupport Schwachstellen bei der Produktnutzung analysieren und eine Beratungen anbieten oder der Support remote technische Probleme analysieren und bei mehrfachem Auftreten des gleichen Fehlers eine Schulung anbieten. Die Hürden in der Sicherung der Datensicherheit, die Kunden-Skepsis gegenüber den Vorteilen, der technische Aufwand über den Produktzyklus sind für die Digitalisierungs-Projekte von grosser Bedeutung, wenn sie langfristig Früchte tragen sollen.

Im B2C-Business kann der Produktmanager sich z.B. überlegen, welche Produkte wir in Zukunft mit dem Mobiltelefon einkaufen: Rufen wir noch beim Friseur an oder sprechen wir in eine APP und wählen Friseur, Termin und Frisur und Services aus und bezahlen mit Cash-Funktion? Der „conversational commerce" bezeichnet den Einkauf von Produkten mittels Sprachsteuerung. Dies wird neue technische Lösungen für Kunden bringen oder neue Zielgruppen eröffnen. Ab und zu sehe ich Menschen, die die Sprachsteuerung für das Navigationssystem verwenden oder für die Suche nach Informationen im Mobiltelefon. Wie sieht es morgen bei Ihren Produkten aus?

Fragen Sie Ihren Innovationsmanager nach digitalen 4.0-Lösungen für Kundenprobleme.

33. Mut für neue Methoden – Wer geht mit mir?

Ich bin immer wieder erstaunt, wenn mich Teilnehmer in meinen Ausbildungen fragen, wie Sie die Firmen- oder Bereichsleitungen überzeugen können, dass nun auch andere Abteilungen nach den neuen Methoden arbeiten sollen. Sie erwarten, dass Ihre Vorgesetzten mit einem offiziellem „ok, den Prozess in Gang setzen.

Wenn Sie auf dem Weg in den Urlaub einen dünnen Baumstamm auf der Strasse liegen sehen und Sie mit dem Auto offensichtlich nicht darüber fahren können, werden Sie dann warten bis er sich bewegt? Warum nicht? Stimmt, Sie wollen in den Urlaub. Also packen Sie an oder fragen jemanden, der Ihnen hilft.

Genauso ist es im Produktmanagement: Wenn Sie etwas verändern möchten, dann fangen Sie bei sich an. Denn andere davon zu überzeugen, neue Methoden anzuwenden oder sogar andere Denkweisen einzunehmen, kostet Energie, Überzeugungskraft und Zeit. Von letzterem haben Sie bekanntlich nicht genug.

Wenn Sie z.B. einen faktenbasierten Businesscase einführen möchten, dann beginnen Sie bei der nächsten Produktidee. Die Ergebnisse werden jeden in der Firma begeistern und nur die Inhalte der Management-Summary werden Sie - auf den Punkt gebracht - präsentieren. Die Entscheider werden vier mal begeistert sein: Von den relevanten Inhalten, den Fakten, der eingesparten Zeit für Entscheidungen und von Ihrer Vortragsweise!

Falls Sie als Produktmanager noch kein Budget für Kundengespräche erhalten, so beginnen Sie damit, Kunden-feedbacks aus Support, Schulungen, Homepage, Facebook zu sammeln, auszuwerten und als Grundlage für Produktkonzepte zu wählen. Sie bauen Marktwissen auf, können Daten von

Kunden benennen und bauen so Vertrauen auf und werden schneller Entscheidungen erhalten.

Es gibt immer Möglichkeiten, mit kleinen Schritten in die neue Richtung voranzuschreiten. Doch den ersten Schritt zur Veränderung müssen Sie gehen. Wenn die anderen Abteilungen den Wert Ihrer neuen Vorgehensweise erkennen, dann gehen die anderen Abteilungen mit.

Die anderen Abteilungen profitieren in der Regel von

- Zeiteinsparung durch weniger Nachfragen

- Weniger Sitzungen und Diskussionen

- Steigender Informationsqualität

- Mitarbeiterzufriedenheit

Der Lohn für Ihren Mut besteht aus Ihrer eigenen gesteigerten Zufriedenheit, weniger Sitzungen, mehr Produkterfolg, mehr Vertrauen und Akzeptanz.